PUBLICATION des TEMPS NOUVEAUX

N° 19

1316

PIERRE KROPOTKINE

l'ORGANISATION DE LA VINDICTE APPELÉE JUSTICE

Jules HÉNAULT

1901 EN VENTE aux TEMPS NOUVEAUX PARIS
140, RUE MOUFFETARD

Publications des « TEMPS NOUVEAUX » — N° 19

PIERRE KROPOTKINE

L'organisation de la Vindicte

APPELÉE JUSTICE

Premier tirage : 10.000 exemplaires

PRIX : 10 CENTIMES

PARIS
Au Bureau des « TEMPS NOUVEAUX »
140, RUE MOUFFETARD, 140

1901

L'ORGANISATION DE LA VINDICTE

APPELÉE JUSTICE

Le saint-simonien Adolphe Blanqui avait eu parfaitement raison de faire ressortir, dans son *Histoire de l'Economie politique*, l'importance que les formes économiques ont eue dans l'histoire de l'humanité, pour déterminer les formes politiques de la société et même ses conceptions sur le droit, la morale, et la philosophie. A cette époque, les libéraux et les radicaux donnaient toute leur attention au régime politique et méconnaissaient les conséquences du régime bourgeois qui s'intronisait alors en France, sur les ruines de la première république. Il était donc tout naturel que, pour faire ressortir l'importance du facteur économique, et pour attirer l'attention sur un sujet méconnu par les meilleurs esprits, ainsi que sur un immense mouvement socialiste qui commençait à peine (son *Histoire* est datée de 1837), il exagérât même l'importance du facteur économique et qu'il cherchât à construire toute l'histoire comme une superstructure sur les relations économiques. C'était nécessaire, ou en tout cas inévitable. Cela se répète continuellement dans l'histoire des sciences. « A d'autres », devait-il se dire, « la tâche de faire ressortir l'importance des autres facteurs : formes politiques du gouvernement, idées sur la justice, conceptions théologiques et le reste. Moi, je dois faire ressortir toute l'importance de mon sujet. L'importance des autres facteurs n'est déjà que trop démontrée. »

On sait jusqu'à quelles exagérations cette idée fut portée depuis par l'école social-démocratique allemande, et on connaît les efforts que nous, anarchistes, faisons pour attirer l'attention et l'étude sur cet autre facteur de la vie des societés, l'Etat.

Il faut reconnaître cependant que nous-mêmes, en luttant pour l'abolition de la structure nécessairement hiérarchique, centralisée, jacobine et antilibertaire par principe, qui a nom *Etat*, — que nous aussi nous avons forcément négligé jusqu'à un certain point dans notre critique des institutions actuelles la ci-nommée *Justice*. Nous en avons souvent parlé, les journaux anarchistes ne cessent de la critiquer, et cependant nous ne l'avons pas encore suffisamment sapée dans ses fondements mêmes.

C'est pour attirer davantage l'attention et pour provoquer la discussion sur ce sujet, que ce rapport fut écrit.

***

L'étude du développement des institutions amène forcément à la conclusion que l'*Etat* et la *Justice* — c'est-à-dire le juge, le tribunal, institués spécialement pour établir la justice dans la société — sont deux institutions qui, non seulement coexistent dans l'histoire, mais sont intimement liées entre elles par des liens de cause et effet. L'institution de juges spécialement désignés pour appliquer les punitions de la loi à ceux qui l'auront violée, amène nécessairement la constitution de l'Etat. Et quiconque admet la nécessité du juge et du tribunal spécialement désignés pour cette fonction, avec tout le système de lois et de punitions qui en découlent, admet par cela même la nécessité de l'Etat. Il a besoin d'un corps qui édicte les lois, de l'uniformité des codes, de l'université pour enseigner l'interprétation et la fabrication des lois, d'un système de geôles et de bourreaux, de la police et d'une armée au service de l'Etat.

En effet, la tribu primitive, toujours communiste, ne connaît pas de juge. Dans le sein de la tribu, entre membres de la même tribu, le vol, l'homicide, les blessures *n'existent pas*. L'usage suffit pour les empêcher. Mais dans le cas excessivement rare où quelqu'un manquerait aux usages sacrés de la tribu, toute la tribu le lapiderait ou le brûlerait. Chacun lui jettera alors sa pierre, chacun apportera son fagot de bois, afin que ce ne soit pas un tel ou un autre, mais bien la tribu entière qui l'aura mis à mort.

Et si un homme d'une autre tribu a blessé un des nôtres, ou lui a infligé une blessure, toute notre tribu *doit*, ou bien tuer le premier venu de cette autre tribu, ou bien infliger à n'importe qui de cette autre tribu une blessure absolument du même genre et de la même grandeur : pas un grain de blé (le millimètre d'alors) plus large ou plus profonde.

C'était leur conception de la justice.

Plus tard, dans la commune villageoise des premiers siècles de notre ère, les conceptions sur la justice changent. L'idée de vengeance est abandonnée peu à peu (avec beaucoup de lenteur et surtout chez les agriculteurs, mais survivant dans les bandes militaires), et celle de *compensation* à l'individu ou à la famille lésée se répand. Avec l'apparition de la famille séparée, patriarcale et possédant fortune (en bétail ou en esclaves enlevés à d'autres tribus), la compensation prend de plus en plus le caractère d'évaluation de ce que « vaut » (en possessions) l'homme blessé, lésé de quelque façon, ou tué : tant pour l'esclave, tant pour le paysan, tant pour le chef militaire ou roitelet que telle famille aura perdu. Cette évaluation des hommes constitue l'essence des premiers codes barbares.

La commune de village se réunit et elle constate le *fait* par l'affirmation de six ou douze jurés de chacune des deux parties qui veulent empêcher la vengeance brutale de se produire et préfèrent payer et accepter une certaine compensation. Les vieux de la commune, ou les bardes qui retiennent la loi (l'évaluation des hommes de différentes classes) dans leurs chants, ou bien des juges *invités* par la commune, déterminent le taux de la lésion : tant de bétail pour telle blessure ou pour tel meurtre. Pour le vol, c'est simplement la restitution de la chose volée ou de son équivalent, plus une amende payée aux dieux locaux ou à la commune.

Mais peu à peu, au milieu des migrations et des conquêtes, les communes libres de beaucoup de peuplades sont asservies ; les tribus et les fédérations aux usages différents se mêlent sur un même territoire, il y a les conquérants et les conquis. Et il y a en plus le prêtre et l'évêque — sorciers redoutés — de la religion chrétienne qui sont venus s'établir parmi eux. Et peu à peu, au barde, au juge invité, aux anciens qui déterminaient jadis le taux de la compensation, se substitue le juge envoyé par l'évêque, le chef de la bande militaire des conquérants, le seigneur ou le roitelet. Ceux-ci, ayant appris quelque chose dans les monastères ou à la cour des roitelets, et s'inspirant des exemples du Vieux Testament, deviendront peu à peu *juges* dans le sens moderne du mot. L'amende qui était jadis payée aux dieux locaux — à la commune — va maintenant à l'évêque, au roitelet, à son lieutenant, ou au seigneur. L'amende devient le principal, tandis que la compensation allouée aux lésés pour le mal qui leur fut fait, perd de son importance vis-à-vis l'amende payée à ce germe de l'Etat. L'idée de *punition* commence à s'introduire, puis à dominer. L'Eglise chrétienne surtout ne veut pas se contenter d'une compensation ; elle veut *punir*, imposer son autorité, terroriser sur le modèle de ses devancières hébraïques. Une blessure faite à un homme du clergé n'est plus une simple blessure ; c'est un crime de lèse-divinité. En plus de la compensation, il faut le châtiment, et la barbarie du châtiment va en croissant. Le pouvoir séculaire fait de même.

∴

Aux dixième et onzième siècles se dessine la révolution des communes urbaines. Elles commencent par chasser le juge de l'évêque, du seigneur ou du roitelet, et elles font leur « conjuration ». Les bourgeois jurent d'abandonner d'abord toutes les querelles surgies de la loi du talion. Et lorsque de nouvelles querelles surgiront, de ne jamais aller vers le juge de l'évêque ou du seigneur, mais d'aller vers la guilde, la paroisse, ou la commune. Les syndics élus par la guilde, la rue, la paroisse, la commune ou, dans les cas plus graves, la guilde, la paroisse, la commune, réunies en assemblée plénière, décideront la compensation à accorder à la personne lésée.

En outre, l'arbitrage à tous les degrés — entre particuliers, entre guildes, entre communes — prend une extension réellement formidable.

Mais, d'autre part, le christianisme et l'étude renouvelée du droit romain font aussi leur chemin dans les conceptions populaires. Le prêtre ne fait parler que des vengeances d'un dieu méchant et vengeur. Son argument favori (il l'est encore jusqu'à ces jours) est la vengeance éternelle qui sera infligée à celui qui aura péché envers les prescriptions du clergé. Et, s'appuyant sur les paroles des évangiles concernant les possédés par le diable, il voit un possédé dans chaque criminel et invente toutes les tortures pour chasser le diable du corps du « criminel ». Il le brûle au besoin. Et comme, dès les premiers siècles, le prêtre conclut alliance avec le seigneur, et que le prêtre lui-même est toujours un seigneur laïque, et le pape un roi, le prêtre fulmine aussi et poursuit de sa vengeance celui qui a manqué à la loi laïque imposée par le chef militaire, le seigneur, le roi, le prêtre-seigneur, le roi-pape. Le pape lui-même, auquel on s'adresse continuellement comme à un arbitre suprême, s'entoure de légistes versés dans le droit impérial et seigneurial romain. Le bon sens humain, la connaissance des us et coutumes, la compréhension des hommes, ses égaux, — qui faisaient jadis les qualités des tribunaux populaires — sont déclarés inutiles, nuisibles, favorisant les mauvaises passions, les inspirations du diable, l'esprit rebelle. Le « précédent », la décision de tel juge, fait *loi*, et pour lui donner plus de prise sur les esprits, on va chercher le précédent dans les époques de plus en plus reculées — dans les décisions et les lois de la Rome des empereurs et de l'Empire hébraïque.

L'arbitrage disparaît de plus en plus à mesure que le seigneur, le prince, le roi, l'évêque et le pape deviennent de plus en plus puissants et que l'alliance des pouvoirs temporel et clérical devient de plus en plus intime. Ils ne permettent plus à l'arbitre d'intervenir et exigent par la force que les parties en litige comparaissent devant *leurs* lieutenants et juges. La compensation à la partie lésée disparait presque entièrement des affaires « criminelles », et se trouve bientôt presque entièrement remplacée par *la vengeance*, exercée au nom du Dieu chrétien ou de l'Etat romain. Sous l'influence de l'Orient, les punitions deviennent de plus en plus atroces. L'Eglise, et après elle le pouvoir temporel, arrivent à un raffinement de cruauté dans la punition, qui rend la lecture ou la reproduction des punitions infligées aux quinzième et seizième siècles presque impossibles pour un lecteur moderne.

*
* *

Les idées fondamentales sur ce point essentiel, cardinal de tout groupement humain, ont ainsi changé du tout au tout entre le onzième et le seizième siècle. Et lorsque l'Etat, en vertu des causes que nous avons cherché à éclaircir dans l'étude sur *l'Etat et son rôle historique*, lorsque l'Etat s'empare des communes qui ont renoncé déjà, *même dans les idées*, aux principes fédératifs d'arbitrage et de justice compensative populaire (essence de la commune du douzième siècle) — la conquête est relativement facile. Les communes, sous l'influence du christianisme et du droit romain, étaient déjà devenues de petits Etats, elles étaient déjà devenues étatistes dans leurs conceptions dominantes.

Certainement, il est extrêmement intéressant de tracer comment les changements économiques intervenus pendant ces cinq siècles, comment le commerce lointain, l'exportation, la création de la banque et les emprunts communaux, les guerres, la colonisation et les germes de production sous la conduite d'un entrepreneur capitaliste, se substituent à la production, la consommation et le commerce communaux — il est très intéressant, disons-nous, de tracer comment ces divers et nombreux facteurs économiques influaient sur les idées dominantes du siècle. De superbes recherches dans ce sens ont été disséminées, en effet, par les historiens des communes dans leurs œuvres, de même que quelques recherches (beaucoup plus difficiles, cependant, et toujours hétérodoxes) sur l'influence des idées dominantes, chrétiennes et romaines se trouvent aussi disséminées dans ces œuvres. Mais il serait tout aussi faux et antiscientifique d'attribuer une influence exagérée, déterminante, au premier de ces facteurs, comme il serait faux en botanique de dire que la somme de chaleur reçue par une plante détermine seule ou surtout sa croissance, et d'oublier l'influence de la lumière ou de l'humidité. D'autant plus faux s'il s'agissait de préciser les facteurs qui déterminent les variations dans telle espèce.

*
* *

Ce court aperçu historique permet déjà d'apercevoir jusqu'à quel point l'institution pour la vengeance sociétaire, nommée justice, et l'Etat sont deux institutions corrélatives, se supportant mutuellement, s'engendrant l'une l'autre et historiquement inséparables.

Mais il suffirait aussi d'une calme réflexion pour comprendre combien les deux sont *logiquement inséparables;* combien toutes deux ont une origine commune dans un même cercle d'idées sur l'autorité veillant à la sécurité de la société et exerçant vengeance sur ceux qui rompent les précédents établis — la Loi.

Donnez-nous des juges, spécialement nommés par vous ou par vos gouvernants, pour nous venger contre ceux qui auront manqué aux précédents légaux réunis dans les codes, — ou seulement pour venger la Société au nom de la Loi contre les infractions aux coutumes sociables — et l'Etat en est la conséquence logique. Et, d'autre part, retenez l'institution pyramidale, centralisée, s'immisçant dans la vie des sociétés, que nous nommons l'Etat — et vous avez nécessairement les juges nommés ou sanctionnés par l'Etat, soutenus par le pouvoir exécutif pour se venger au nom de l'Etat contre ceux qui auront enfreint ses règlements.

*
* *

Nous vivons aujourd'hui dans une époque où une révision complète se fait de toutes les bases, de toutes les idées fondamentales sur lesquelles repose la société moderne. Nous qualifions de vol ou d'usurpation légalisée les droits de propriété sur le sol et le capital social ; nous nions ces droits. Nous qualifions de monopoles, constitués par une Mafia gouvernante, les droits acquis par les sociétés d'actionnaires des chemins de fer, de gaz, etc. Nous qualifions d'usurpateurs nos gouvernants puissamment organisés pour nous tenir sous tutelle. Et nous qualifions de brigands les Etats qui se ruent les uns sur les autres avec des buts de conquête.

Et il dépend aujourd'hui de nous-mêmes, soit de nous arrêter à moitié chemin et, payant tribut à notre éducation de vengeance chrétienne et romaine, respecter l'enfant bâtard de ces deux courants d'idées — la ci-nommée justice — ou bien porter la hache tranchante de notre critique à cette institution qui est la vraie base du capitalisme et de l'Etat.

Ou bien, imbus de préjugés de vengeance, d'un Dieu vengeur dont nous devons alléger la tâche, et d'un Etat divinisé au point de le considérer comme l'incarnation de la justice, nous garderons l'institution — le bras séculier du Dieu — que nous nommons Justice. Nous nous donnerons des juges, nommés par nous-mêmes ou par nos gouvernants, et nous leur dirons : « Veillez à ce que les us et coutumes et les précédents judiciaires connus sous le nom de Loi soient respectés. Frappez, vous, incarnations de la justice, ceux qui auront manqué aux usages sociaux de la communauté. Nous vous donnerons les moyens physiques de coercition nécessaire ainsi que notre appui moral... Faites. »

Alors l'Etat — la force qui est placée au-dessus de la Société et qui fatalement cherche à centraliser, à agrandir ses pouvoirs — est constituée et durera jusqu'à ce qu'une nouvelle révolution vienne la renverser.

L'arbitre pouvait juger et jugeait selon sa compréhension de la justice dans chaque cas séparé, sa connaissance et sa compréhension des rapports humains existants, sa conception de la conscience individuelle et sociétaire. Le juge nommé pour juger, le spécialisé pour punir, *doit* avoir un code. Donc, il faut une machine législative, une organisation pour fabriquer le code, pour choisir entre les divers précédents et cristalliser sous forme de loi ceux d'entre eux qu'elle trouvera utile à conserver. Le gouvernement direct, c'est-à-dire la nation questionnée sur la manière de formuler le précédent obligatoire (la loi), est évidemment une chimère à laquelle les partisans mêmes du gouvernement direct ne croient pas. Il *faut* le gouvernement indirect, les hommes supérieurs, les *Uebermensch* (héros) de Nietzsche, nommés pour *formuler* les lois.

Il faut aussi des hommes pour interpréter les formules des lois, l'université des légistes. Et ces hommes deviendront nécessairement les maniaques du verbe et de la lettre ; ils feront peser sur la société tout le poids des survivances héritées de nos ancêtres. Ils nous crieront « Arrière ! » quand nous voudrons marcher de l'avant.

Il faut, en outre, le licteur armé de verges et de la hache — le pouvoir exécutif — la force mise au service du « Droit », comme disent les apologistes de leurs propres vertus. Il faut la police, le mouchard, l'agent provocateur et leur aide, la prostituée ; il faut le bourreau ; il faut la prison, le gardien de prison, les travaux dans les prisons et tout le reste — toute la saleté inimaginable qui entoure et fait tache d'huile autour des universités du crime, des pépinières de tendances antisociales que deviennent fatalement *toutes* les prisons.

Et il faut enfin le gouvernement pour surveiller, organiser, grader l'armée de surveillants. Il faut un impôt formidable pour maintenir cette machine, une législation pour la faire marcher, et encore des juges, de la police et des prisons pour faire respecter la législation pénitentiaire.

Le juge amène avec lui l'Etat, et quiconque voudra étudier dans l'histoire la croissance des Etats verra quelle part immense, fondamentale, primordiale le juge a jouée dans la constitution de l'Etat centralisé moderne.

*
* *

Ou bien, après avoir révolutionné nos idées sur tant de points fondamentaux, que l'on croyait très sincèrement constituer la base même de toute société (propriété, mission divine des rois, etc.), nous descendrons encore plus, jusqu'aux fondements mêmes, jusqu'à l'origine de toutes les oppressions. Nous porterons la torche de notre critique jusqu'à l'application de la justice confiée à une caste spéciale, jusqu'au ramassis de précédents antiques : le Code.

Nous verrons alors que le Code (tous les codes) représente un rassemblement de précédents, de formules empruntées à des conceptions de servitude économique et intellectuelle, absolument répugnantes aux conceptions qui se font jour parmi nous — socialistes de toute école. Ce sont des formules cristallisées, des « survivances », que notre passé esclave veut nous imposer, pour empêcher notre développement. Et nous répudierons le Code — tous les codes. Peu nous importe qu'ils contiennent certaines affirmations de morale dont nous partageons nous-mêmes l'idée générale. Une fois qu'ils imposent des *punitions* pour les affirmer, nous n'en voulons pas — sans parler des nombreuses affirmations serviles que chaque code mêle à son œuvre de moralisation de l'homme par le fouet. Tout code est une cristallisation du passé, écrite pour entraver le développement de l'avenir.

Continuant notre critique, nous découvrirons sans doute que toute punition légale est *une vengeance légalisée, rendue obligatoire;* et nous nous demanderons si la vengeance est nécessaire? Sert-elle à maintenir les coutumes sociables? Empêche-t-elle la petite minorité de gens enclins à les violer d'agir à l'encontre des coutumes? En proclamant le *devoir de la vengeance*, ne sert-elle pas à *maintenir* dans la société précisément les coutumes antisociables? Et quand nous nous demanderons si le système de punitions légales, avec la police, le faux témoin, le mouchard, l'éducation criminelle en prison, le maniaque du code et le reste, ne sert pas à déverser dans la société un flot de perversité intellectuelle et morale, bien plus dangereux que les actes antisociables des « criminels » — quand nous nous serons seulement posé cette question et aurons cherché la réponse dans l'étude de l'actualité, nous verrons tout de suite qu'il ne peut y avoir d'hésitation sur la réponse à donner. Nous rejetterons alors le système de punitions, comme nous aurons rejeté les codes.

Affranchis intellectuellement de cette « survivance » — la plus mauvaise — nous pourrons alors étudier (sans nous préoccuper de ce que firent pour cela l'Eglise et l'Etat) quels sont les moyens les plus pratiques (étant donnés les hommes, ce qu'ils sont) pour développer en eux les sentiments sociables et entraver le développement des sentiments antisociables.

Eh bien! quiconque aura fait cette étude, après

s'être débarrassé de la tradition judiciaire, n'arrivera certainement pas à conclure en faveur du juge et du système pénitentiaire. Il cherchera ailleurs.

Il verra que l'arbitrage par un tiers, choisi par les parties en litige, serait amplement suffisant dans l'immense majorité des cas. Il comprendra que la non-intervention de ceux qui assistent à une bagarre, ou à un conflit qui se prépare, est simplement une mauvaise habitude que nous avons acquise depuis que nous avons le juge, la police, le prêtre et l'Etat, — et que l'intervention active des amis et des voisins empêcherait déjà une immense majorité de conflits brutaux.

Il comprendra aussi que se donner une police, des gendarmes, des bourreaux, des gardes-chiourmes et des juges, seulement pour opérer la vengeance légale sur cette petite minorité de gens qui rompent les coutumes sociables ou deviennent agressifs, au lieu de veiller tous pour soi et pour chacun à empêcher l'agression ou à en réparer les torts ; qu'agir de cette façon est aussi irraisonnable et antiéconomique que de laisser le soin de diriger l'industrie à des patrons, au lieu de se grouper entre soi pour satisfaire ses besoins. Et si nous croyons l'homme capable d'arriver un jour à se passer de patrons, c'est simplement par habitude et par paresse de la pensée que nous ne sommes pas arrivés à comprendre que les hommes qui se passeront de patrons seront assez intelligents pour se passer de patrons en morale — des juges et de la police. Tout comme ils chercheront et trouveront le moyen de satisfaire leurs besoins sans patrons, ils sauront trouver les moyens (déjà amplement indiqués) d'augmenter la sociabilité humaine et d'empêcher les êtres trop emportés ou antisociables *par nature* (existent-ils seulement ?) d'être un danger pour la société. L'éducation, l'existence plus ou moins garantie, le contact plus étroit entre hommes, et surtout l'adoucissement des peines ont déjà opéré bien des changements frappants dans cette direction.

Serions-nous, dans une société collectiviste ou communiste, socialiste ou anarchiste, moins capables de pousser encore plus loin ces changements? Serions-nous inférieurs en cela à nos chers gouvernants actuels?

Conclusions.

La vindicte sociétaire organisée, appelée Justice, est une survivance d'un passé de servitude, développée d'une part par les intérêts des classes privilégiées et d'autre part par les idées du droit romain et celles de vengeance divine qui font tout aussi bien l'essence du christianisme que ses idées de pardon et sa négation de la vengeance humaine.

L'organisation de la vengeance sociétaire sous le nom de Justice est corrélative dans l'histoire avec la phase Etat. Logiquement aussi, elle en est inséparable. Le juge implique l'Etat centralisé, jacobin; et l'Etat implique le juge nommé spécialement pour exercer la vengeance légale sur ceux qui se rendent coupables d'actes antisociaux.

Issue d'un passé de servage économique, politique et intellectuel, cette institution sert à le perpétuer. Elle sert à maintenir dans la société l'idée de vengeance obligatoire, érigée en vertu. Elle sert d'école de passions antisociales dans les prisons. Elle déverse dans la société un flot de dépravation qui suinte autour des tribunaux et des geôles par le policier, le bourreau, le mouchard, l'agent provocateur, les bureaux pour la moucharderie privée, etc. — ce flot grandissant tous les jours. Le mal excède en tout cas le bien que la justice est supposée accomplir par la menace de punition.

Une société qui trouverait antiéconomique et sociétairement nuisible la présente organisation de la vie économique livrée au patron capitaliste, découvrirait certainement aussi que livrer le développement des sentiments sociables à une organisation de vengeance judiciaire est aussi antiéconomique et antilibertaire. Elle comprendrait que le Code n'est qu'une cristallisation, une divinisation de coutumes et de conceptions appartenant à un passé que tous les socialistes répudient. Elle saurait se passer de l'institution judiciaire.

Elle trouverait les moyens de s'en passer dans l'arbitrage volontaire, dans les liens plus serrés qui surgiraient entre tous les citoyens et les moyens puissants éducatifs dont disposerait une société qui n'abandonnerait pas le soin de son hygiène morale au gendarme.

Imprimerie Charles Blot, 7, rue Bleue, Paris.

COLLECTIONS DE 30 LITHOGRAPHIES

Ont déjà paru : **L'Incendiaire,** *par Luce.* — **Porteuses de bois,** *par C. Pissarro.* — **L'Errant,** *par X.* — **Le Démolisseur,** *par Signac.* — **L'Aube,** *par Jehannet.* — **L'Aurore,** *par Vuillaume.* — **Les Errants,** *par Rysselberghe* (les sept premières sont épuisées). — **L'Homme mourant,** *par L. Pissarro.* — **Les Sans-gîte,** *par C. Pissarro.* — **Sa Majesté la Famine,** *par Luce.* — **On ne marche pas sur l'herbe,** *par Hermann-Paul.* — **La Vérité au Conseil de guerre,** *par Luce.* — **Mineurs belges,** *par Constantin Meunier.* — **Ah ! les sales corbeaux !** *de J. Hénault.* — **La Guerre,** *de Maurin.* — **Epouvantails,** *de Chevalier.* — **Capitalisme,** *de Comin'Ache.* — **Education chrétienne,** *de Roubille.* — **Provocation,** *de Lebasque.* — **La Débâcle,** *dessin de Valloton,* gravé par Berger. — **Le Dernier gîte du Trimardeur,** *par Daumont.* — **L'assassiné,** *par C. L.* — **Souteneurs sociaux,** *par Delannoy.* — **Les Défricheurs,** *par Agar.* — **Le Calvaire du mineur,** *par Couturier.* — **Ceux qui mangent le pain noir,** *par Lebasque.*

Ces lithographies sont vendues 1 fr. 25 l'exemplaire sur papier de Hollande, franco 1 fr. 40; édition d'amateur : 3 fr. 25, franco 3 fr. 40.

Il ne reste qu'un nombre très limité de collections complètes. Elles sont vendues 75 francs ce qui est paru de l'édition ordinaire, 150 francs celle d'amateur.

En dehors de l'album, nous avons :

Un repaire de malfaiteurs, *par Vuillaume* . .	1 »	*franco*	1 15
L'Ecrasement, édité par *An-Archist* d'Amsterdam	1 »	—	1 15
Bakounine, *portrait au burin par Barbottin* . . .	» 50	—	» 60
Proudhon, *portrait au burin par Barbottin* . . .	» 50	—	» 60
Cafiero	» 50	—	» 60
Un frontispice en couleur, *par Vuillaume,* pour le premier volume du Supplément.	2 25	—	2 40

Celui du deuxième volume, par C. Pissarro, est à l'impression. Prix : 2 fr. 25.

CHANSONS

La Carmagnole avec les couplets de 1793, 1869, 1883, etc.	» 10
L'Internationale; Crevez-moi la sacoche; Le Politicien, *de E. Pottier*	» 10
Ouvrier, prends la machine; Qui m'aime me suive; Les Briseurs d'images	» 10
La Chanson du Gas; A la Caserne; Viv'ment, brav' Ouvrier, etc	» 10
J'n'aime pas les sergots; Contre la Guerre; Heureux temps; Le Drapeau rouge	» 10
Le Réveil; La Chanson du linceul; Les députés heureux; Période électorale.	» 10
Hymne révolutionnaire espagnol; Debout ! frères de misère; Le régiment de la misère; Les conscrits affranchis	» 10
La Marianne; Pendeurs et pendus; Fraternité.	» 10

Le cent : 4 fr. 50; l'exemplaire, par la poste : 0 fr. 15.

LES TEMPS NOUVEAUX

Paraissant tous les 8 jours avec un Supplément littéraire.

10 centimes le numéro. — *Administration :* 140, rue Mouffetard.

Abonnements : France, un an, 6 fr.; Extérieur, 8 fr.

En vente aux *Temps Nouveaux :*

L'Éducation libertaire, *par Domela Nieuwenhuis, couverture de Hermann-Paul* (1) . . . . » 15

Enseignement bourgeois et Enseignement libertaire, *par J. Grave, couverture de Cross.* . . . . » 15

Le Machinisme, *par J. Grave, avec couverture de Luce.* . . . » 15

Les Temps nouveaux, *par Kropotkine, avec couverture ill. par C. Pissarro.* . . . . » 30

Pages d'histoire socialiste, *par W. Tcherkesoff.* . . . . » 30

La Panacée-Révolution, *par J. Grave, avec couverture de Mabel.* » 15

L'Ordre par l'anarchie, *par D. Saurin* . . . . » 30

La Société au lendemain de la Révolution, *par J. Grave.* . » 70

Aux femmes, *de Gohier, couverture de Lebasque.* . . . . . . » 15

Déclarations *d'Etiévant, couverture de Jehannet.* . . . . . . » 15

L'Art et la Société, *par Ch.-Albert.* . . . . » 20

La Liberté par l'enseignement, *couverture de Vuillaume.* . . » 10

A mon Frère le paysan, *par E. Reclus, couv. de L. Chevalier.* » 15

La Morale anarchiste, *par Kropotkine, couv. de Rysselberghe.* » 15

La Grève ! *par Delesalle* . . . . » 15

Rapports au Congrès antiparlementaire, *couv. de C. Dissy.* » 85

La Colonisation, *par J. Grave, couverture de Couturier.* . . . » 15

Marchand-Fashoda, *par L. Guétant* . . . . » 15

La Grève générale, *rapport des Etudiants S. R. I.* . . . . » 15

Entre paysans, *par Malatesta, couv. de Vuillaume.* . . . . . » 15

Le Militarisme, *par Domela Nieuwenhuis, couverture de Co-min'Ache* . . . . » 15

La Femme esclave, *par Chaughi, couv. de Hermann-Paul.* » 15

Les Précurseurs de l'Internationale, *par W. Tcherkesoff.* . 1 20

Patrie, Guerre et Caserne, *par Ch. Albert, couverture par Agar* . . . . » 15

L'organisation de la vindicte appelée justice, *par Kropotkine, couverture par J. Hénault* . . . . » 15

L'Anarchie et l'Église, *par E. Reclus et G. Guyou, couverture par Daumont* . . . . » 15

Les Temps Nouveaux, 1re, 2e, 3e, 4e, 5e et 6e années, complètes : 7 fr. l'année.

La Révolte, journal et supplément, collection complète (deux seulement) : 150 francs.

Supplément de la *Révolte* : 50 francs.

Nous préparons aussi une série d'images à l'usage des enfants. — La première : *Chauvinard*, est parue . . . 3 fr. le cent; 0 fr. 10 l'ex.

---

(1) Pris dans nos bureaux ou par un certain nombre à la fois, les petites brochures se vendent 0 fr. 05, les lithographies 0 fr. 15, et les volumes 0 fr. 25 en moins.

PARIS. — IMPRIMERIE CHARLES BLOT, 7, RUE BLEUE.

www.ingramcontent.com/pod-product-compliance
Lightning Source LLC
LaVergne TN
LVHW020507230826
846091LV00008BA/3391

* 9 7 8 2 0 1 1 9 4 1 1 3 8 *